Manual de Guitarra

Autor: Byron Hernández

Manual de Guitarra
Primera Edición: 2016

Autor: Byron Hernández

Copyright © Byron Hernández

Todos los derechos reservados. Impreso en Estados Unidos de América.

Esta publicación no puede ser reproducida total ni parcialmente, ni registrado en o transmitido por un sistema de recuperación de información, en ninguna forma ni en ningún medio, ya sea electrónico o mecánico, por fotocopia, grabado o cualquier otro medio sin permiso del autor.

INDICE

1- **LOS 7 TONOS DE LA SOL-FA MAYORES** 7
2) El circulo de tonos de Do Mayor 9
3) El circulo de tonos de Re Mayor 11
4) El circulo de tonos de Mi Mayor 13
5) El circulo de tonos de Fa Mayor 15
6) El circulo de tonos de Sol Mayor 17
7) El circulo de tonos de La Mayor 19
8) El circulo de tonos de Si Mayor 21
9- **LOS 7 TONOS DE LA SOL-FA MENORES** 23
10) El circulo de tonos de Do Menor 25
11) El circulo de tonos de Re Menor 27
12) El circulo de tonos de Mi Menor 29
13) El circulo de tonos de Fa Menor 31
14) El circulo de tonos de Sol Menor 33
15) El circulo de tonos de La Menor 35
16) El circulo de tonos de Si Menor 37

INTRODUCCION

El presente manual está diseñado para aprender a tocar guitarra de manera práctica, fácil y divertirda. El curso tiene una duracion de 4 meses, en los cuales podrás descubrir el potencial que hay en tí.

Gracias por tomar esta importante decisión y permitirme ser tu maestro en este fascinante camino.

Atte: Byron Hernández,
Byron198019@live.com

(1) LOS 7 TONOS DE LA SOL FA MAYORES

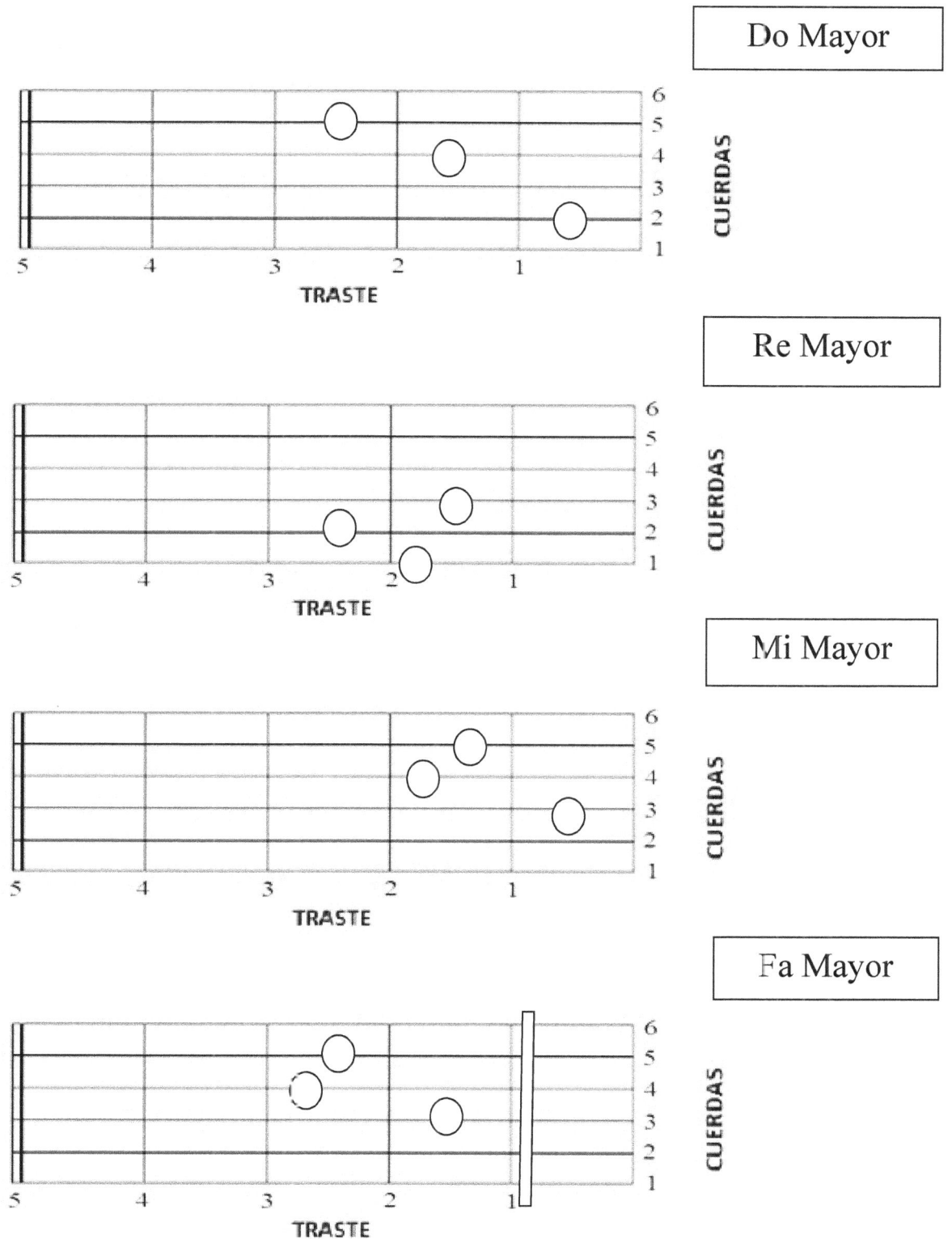

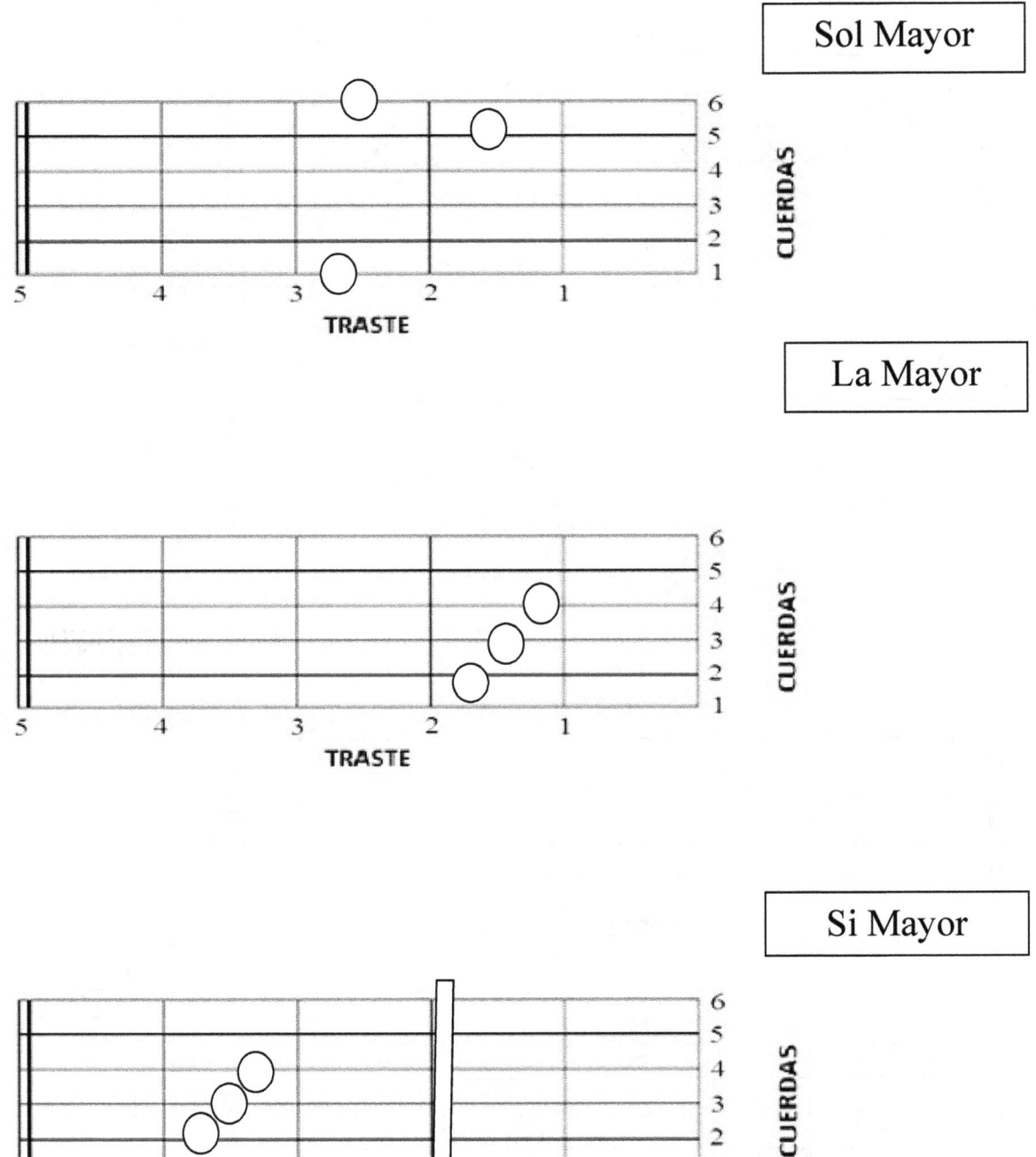

(2) El Círculo de tonos de DO MAYOR.

1 Do Mayor

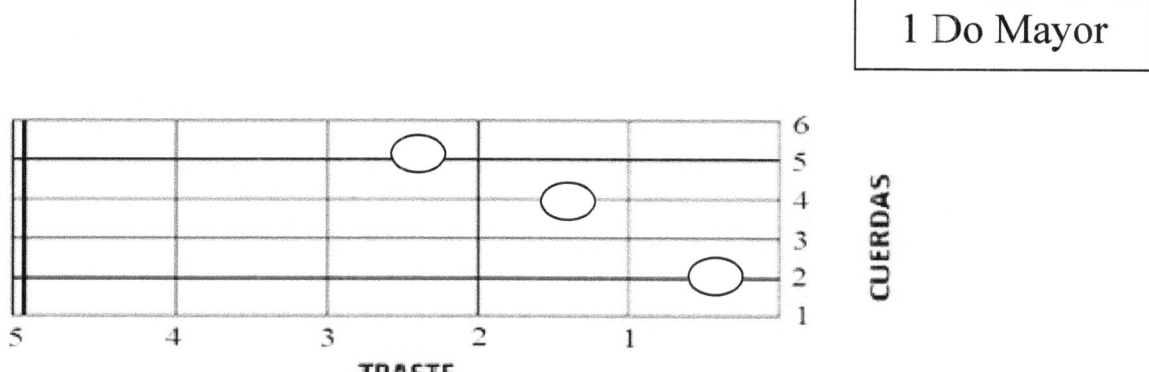

2 Relativo

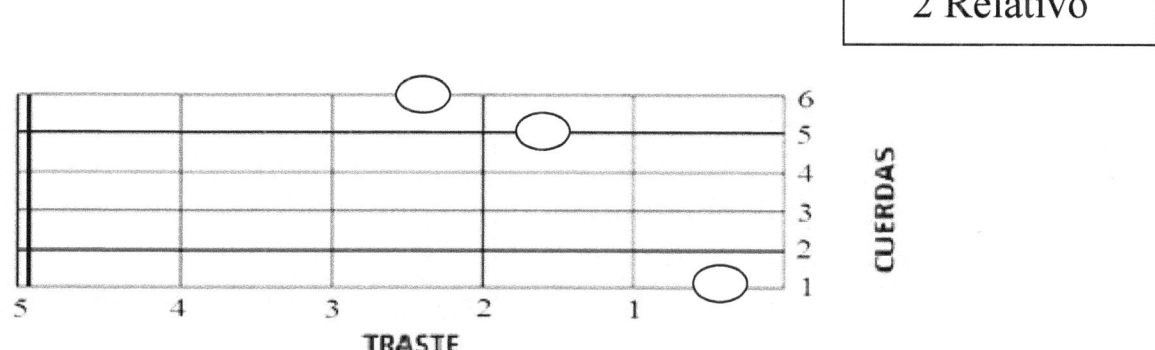

3 Contra alto o Fa

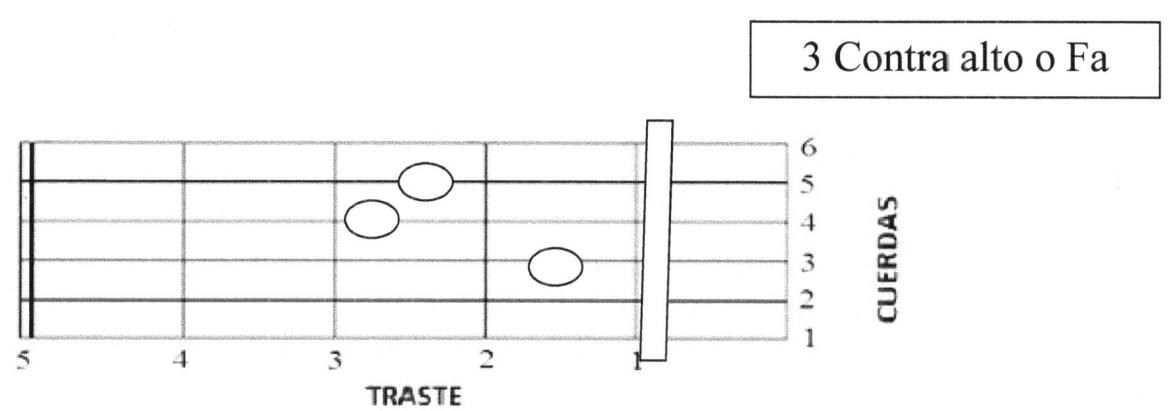

4 Mi Menor

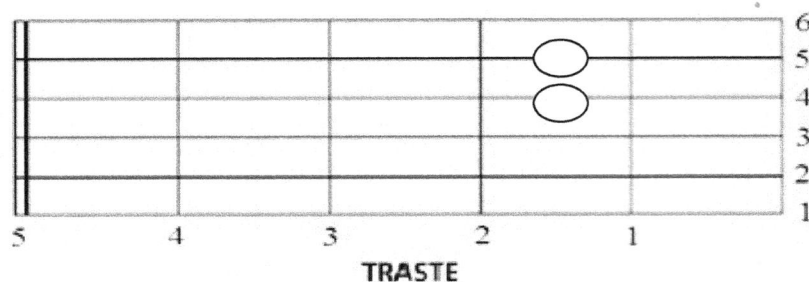

5 La Menor

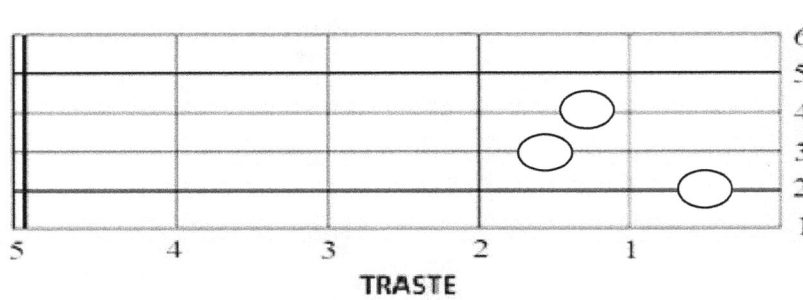

6 Re Menor

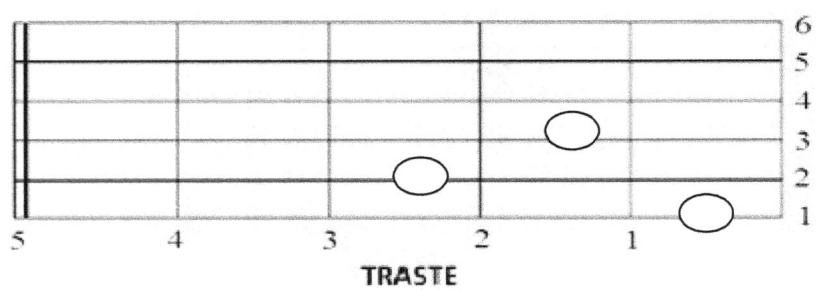

(3) El Círculo de tonos de RE MAYOR.

1 Re Mayor

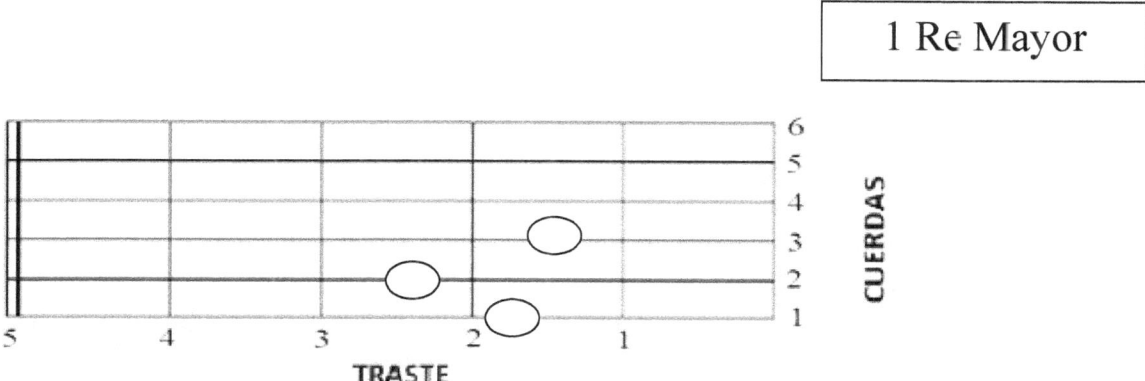

2 Relativo

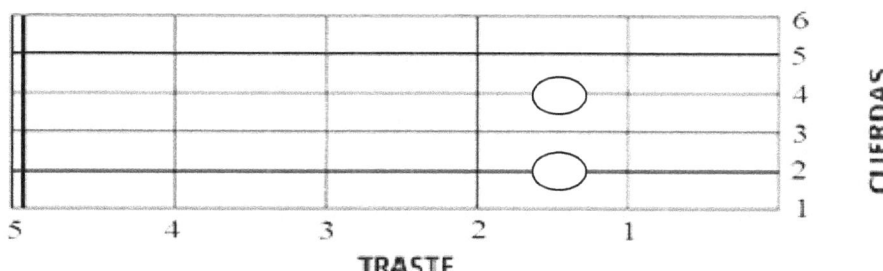

3 Contra Alto o Sol

4 Fa Bemol Menor

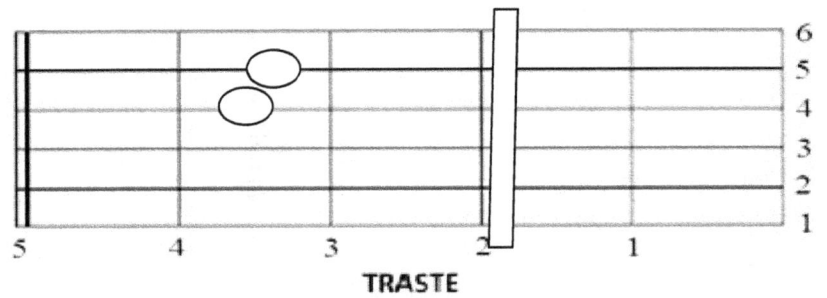

5 Si Menor

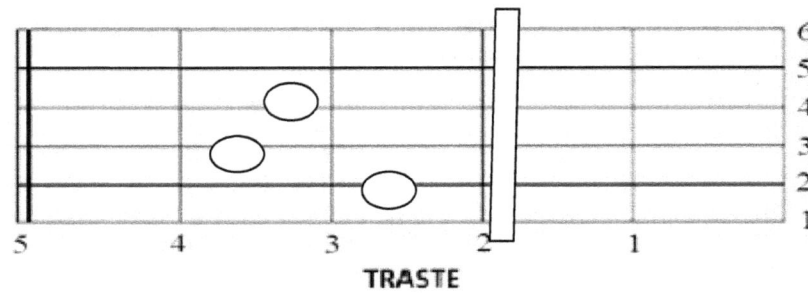

6 Mi Menor

(4) El Círculo de tonos de MI MAYOR.

1 Mi mayor

2 Relativo

3 Contra alto o La mayor

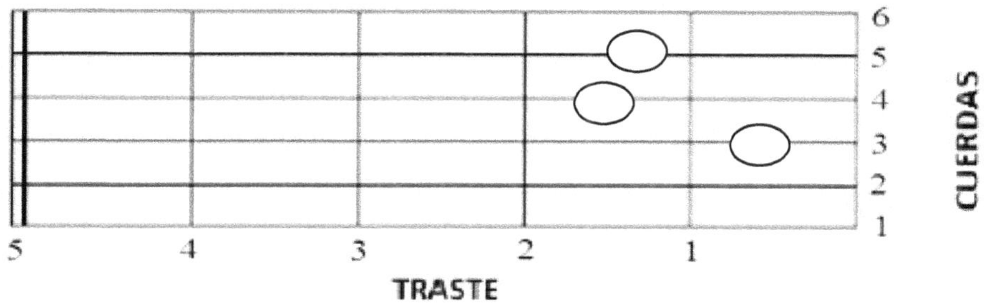

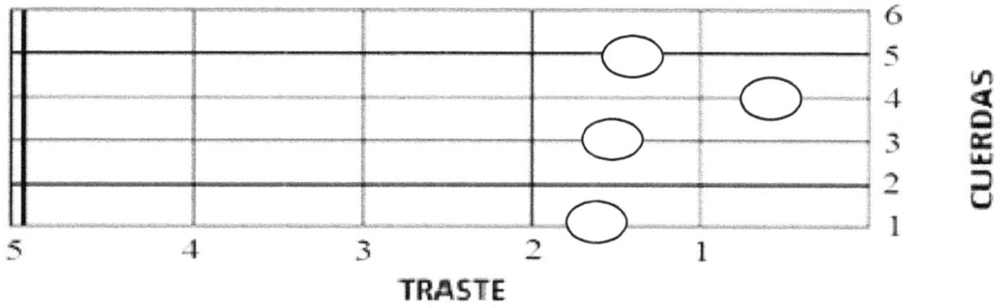

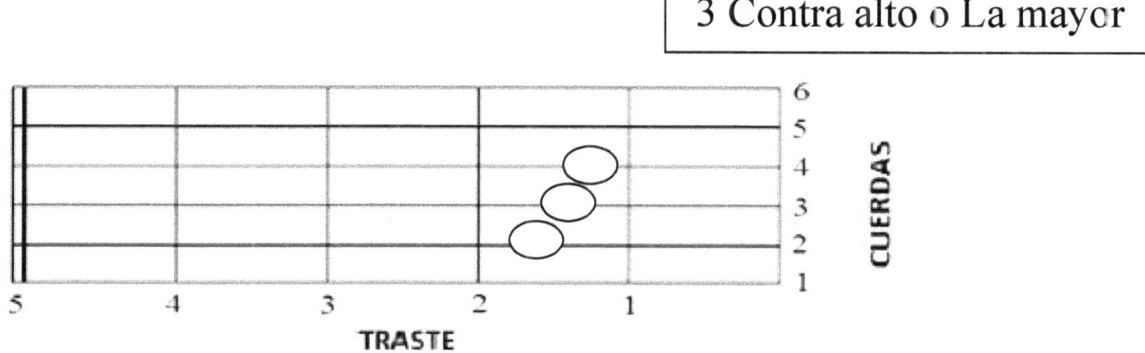

4 Sol Bemol Menor

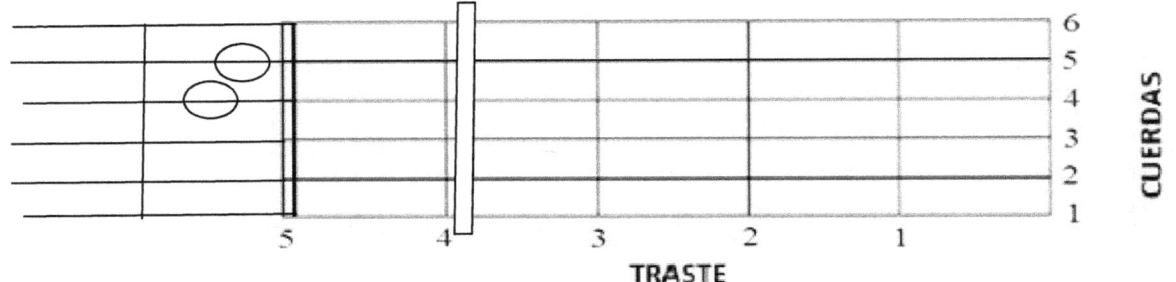

5 Do Bemol Menor

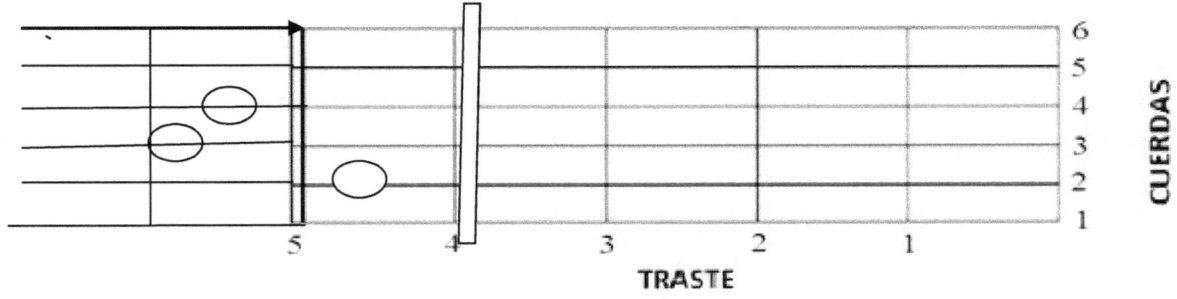

6 Fa Bemol Menor

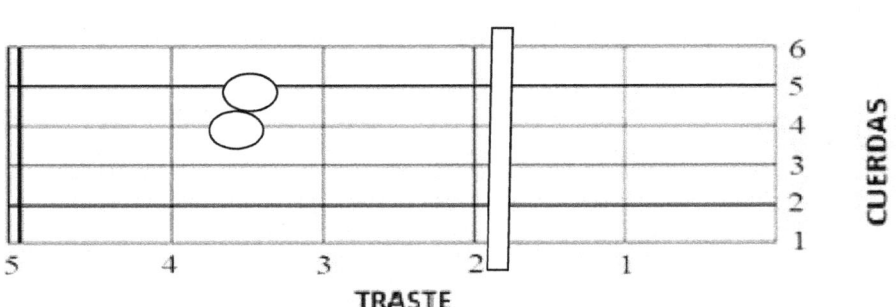

(5) El Círculo de tonos de FA MOYOR

1 Fa Mayor

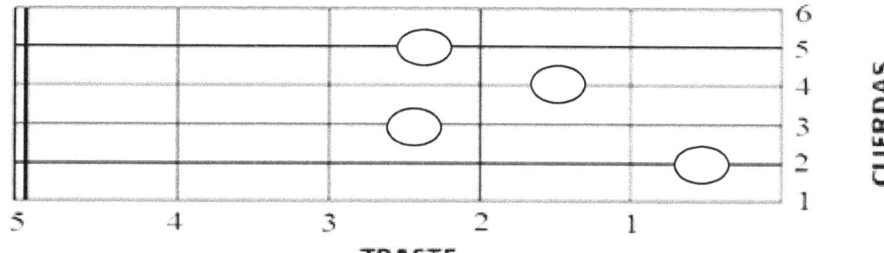

2 Relativo

3 Contra Alto o La Bemol

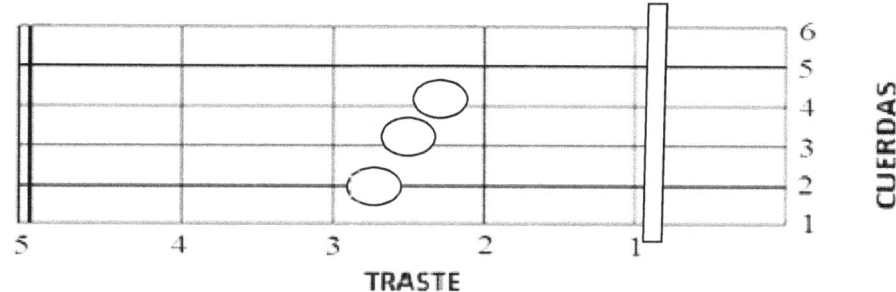

4 La Menor

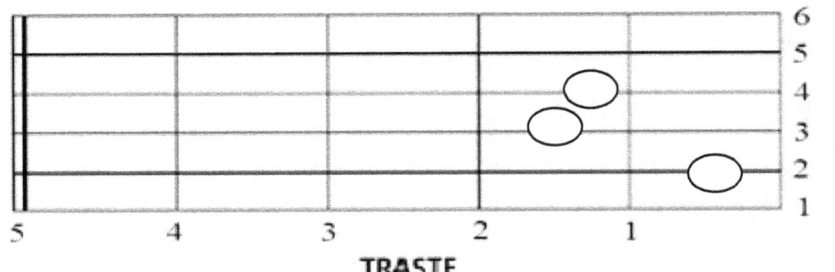

5 Re Menor

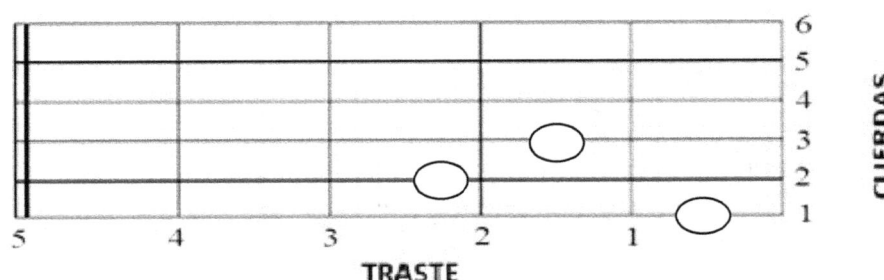

6 Sol Menor

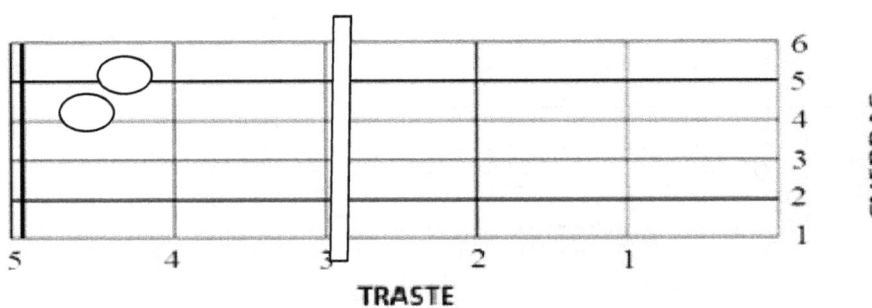

(6) Los Círculos de los tonos de SOL MAYOR

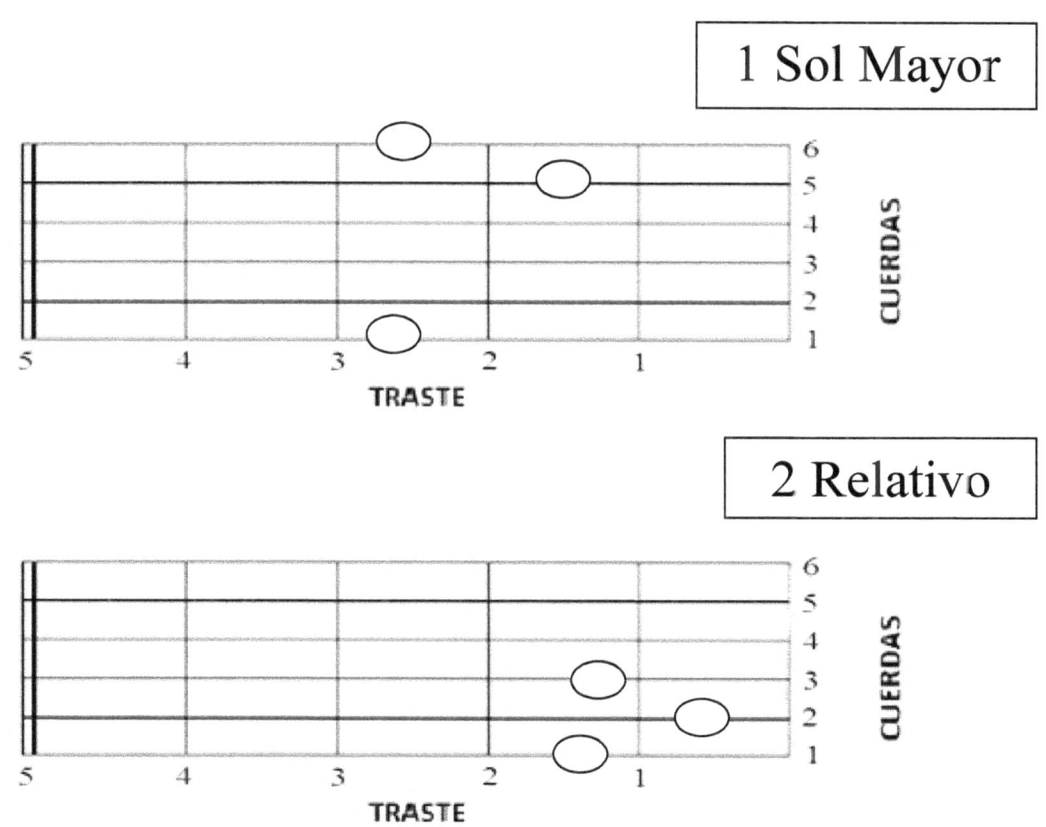

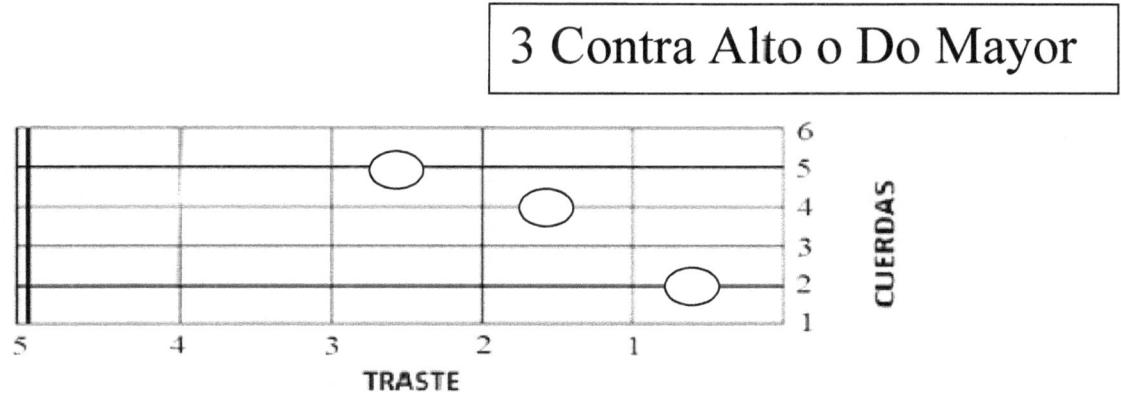

4 Si Menor

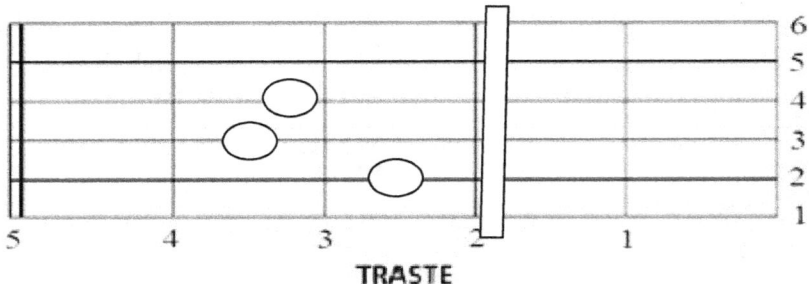

5 Mi Menor

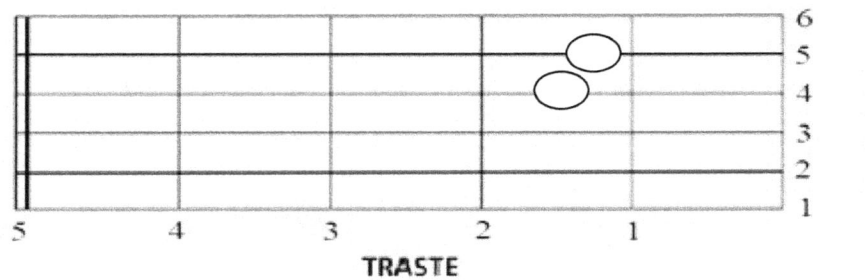

6 La Menor

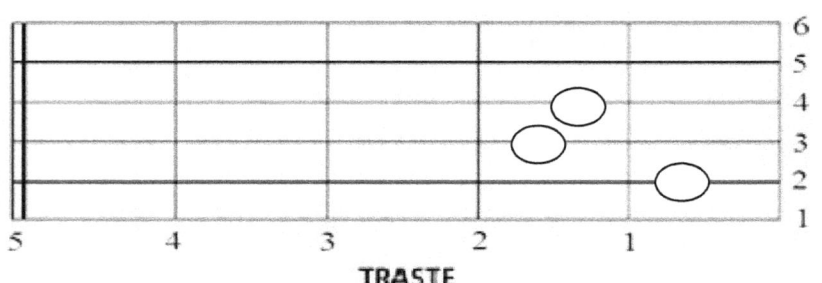

(7) El Círculo de tonos de LA MAYOR

1 La Mayor

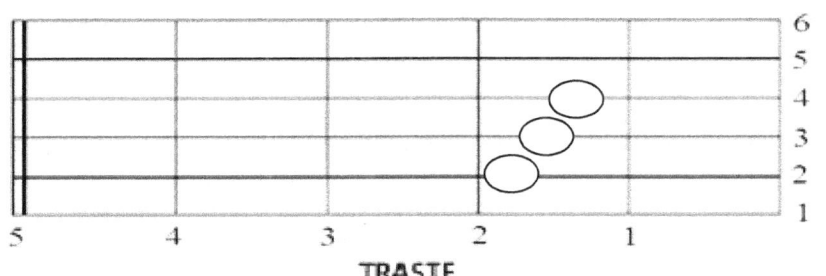

2 Relativo

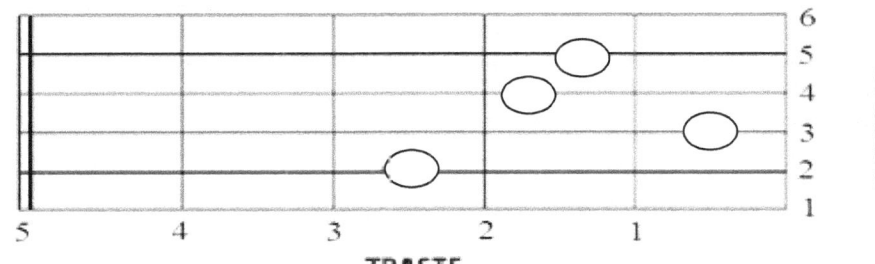

3 Contra Alto o Re Mayor

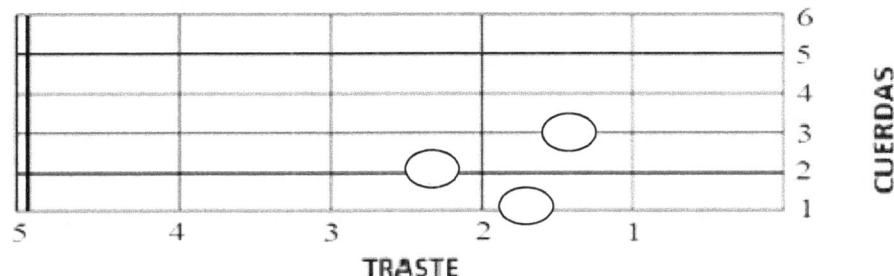

4 Do Bemol Menor

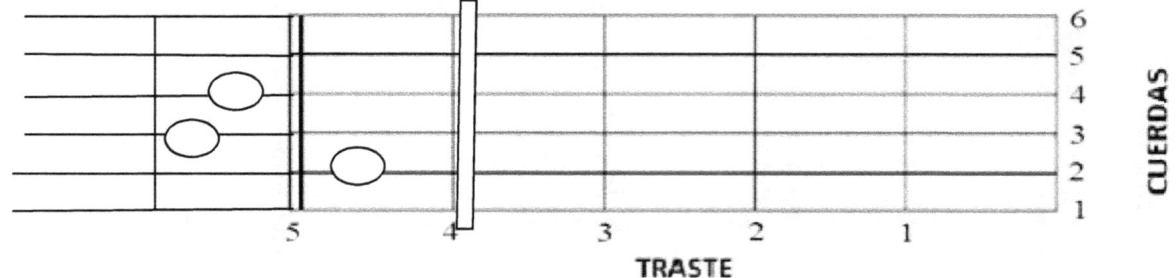

5 Fa Bemol Menor

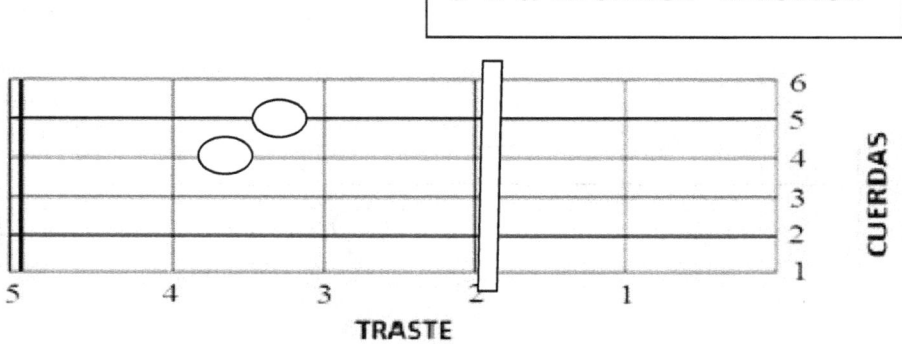

6 Si Menor

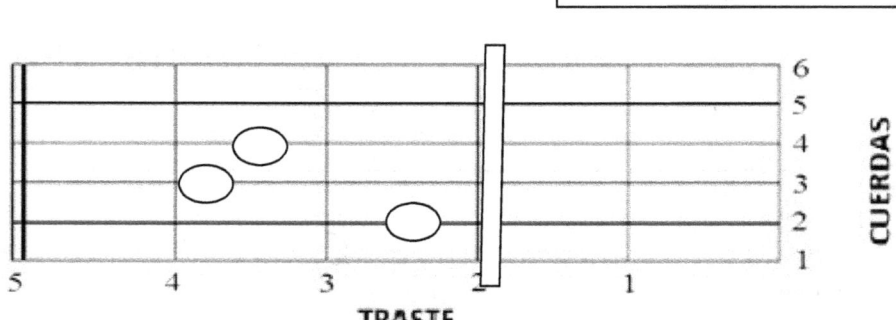

(8) El Círculo de tonos de SI MAYOR.

1 Si Mayor

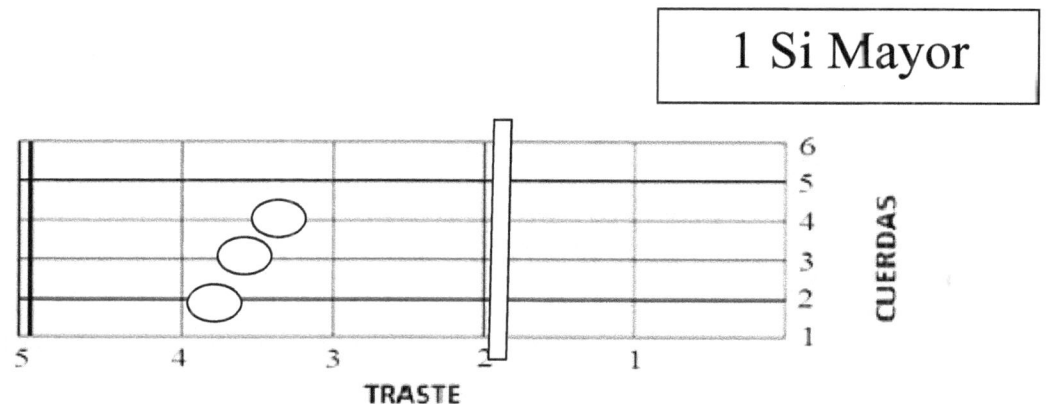

2 Relativo

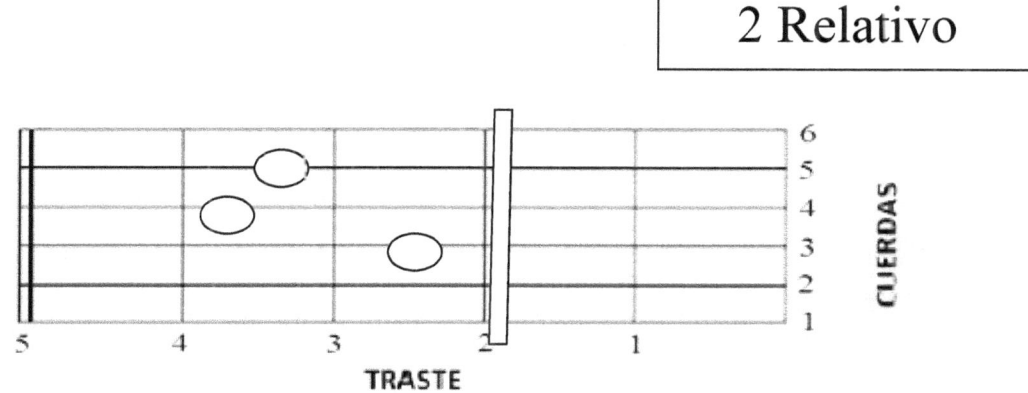

3 Contra Alto o Mi Mayor

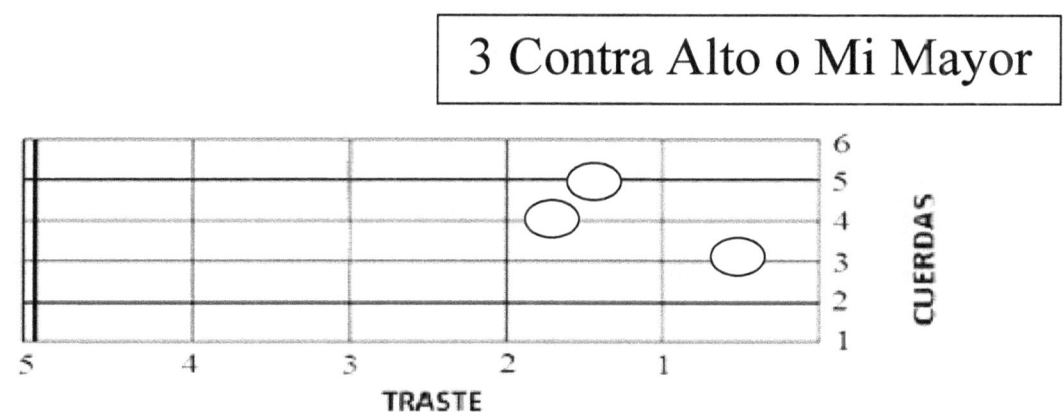

4 Re Bemol Menor

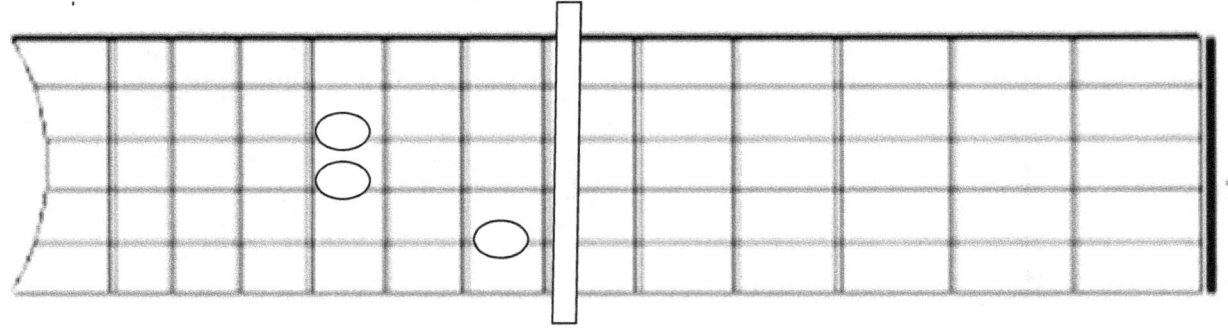

5 Sol Bemol Menor

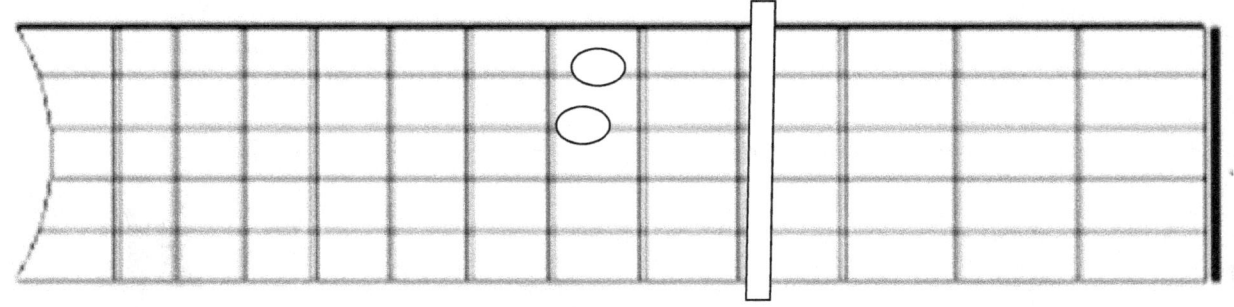

6 Do Bemol Menor

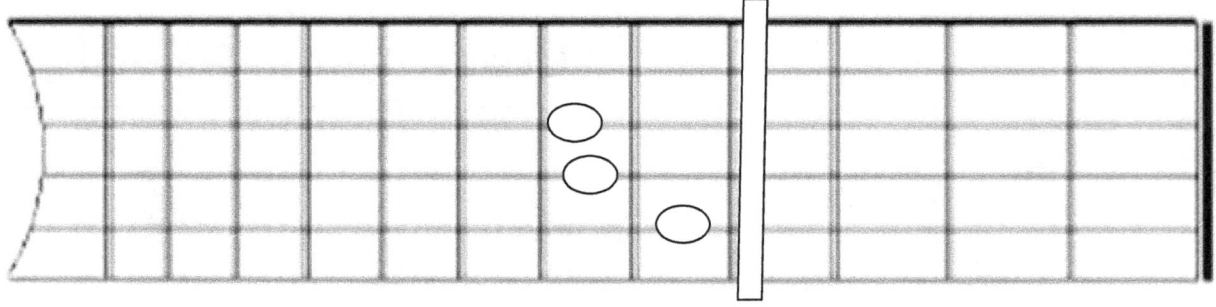

(9) LOS 7 TONOS DE LA SOLFA (MENORES)

(1) Do Menor

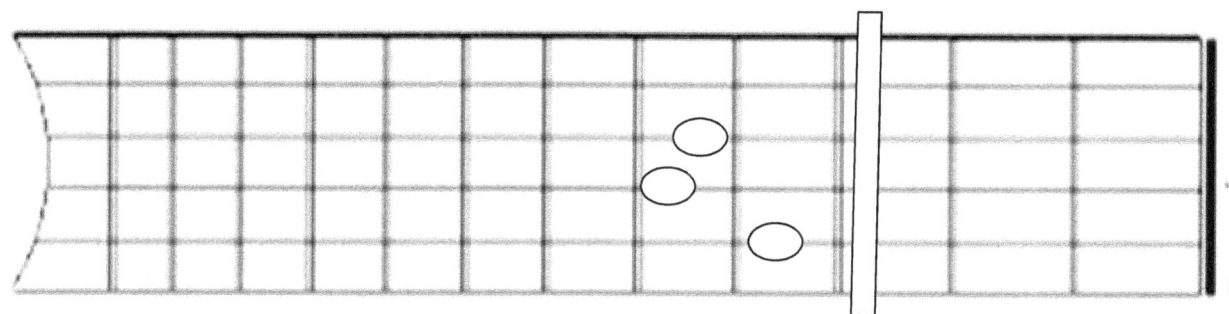

(2) Re Menor

(3) Mi Menor

(4) Fa Menor

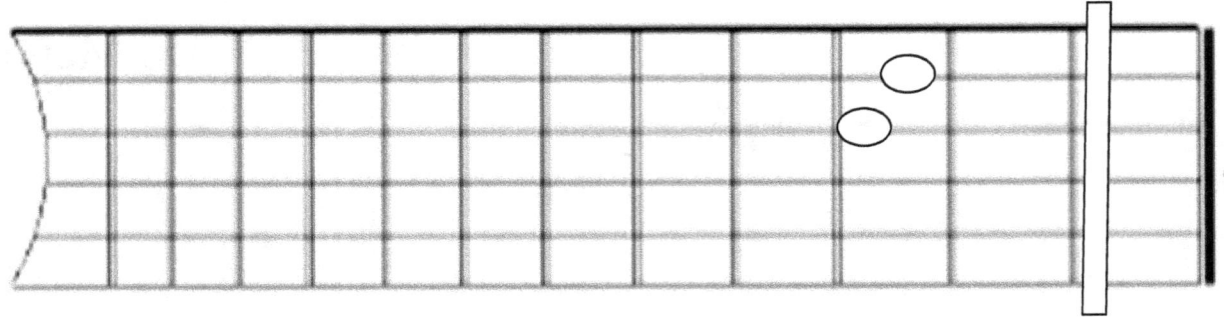

(5) Sol Menor

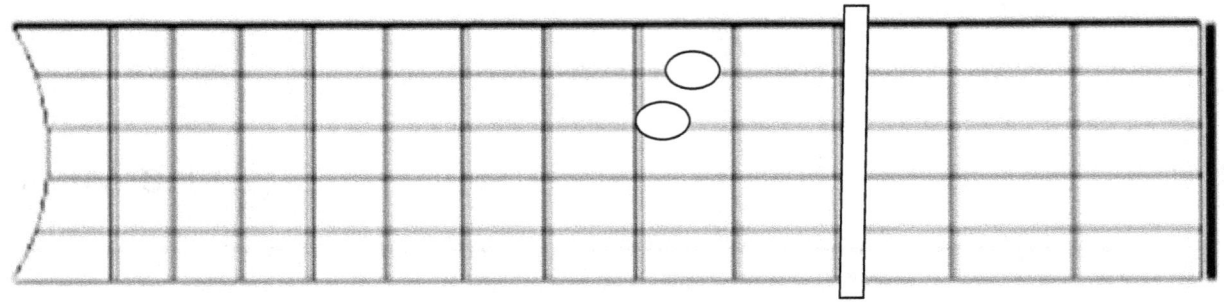

(6) La Menor

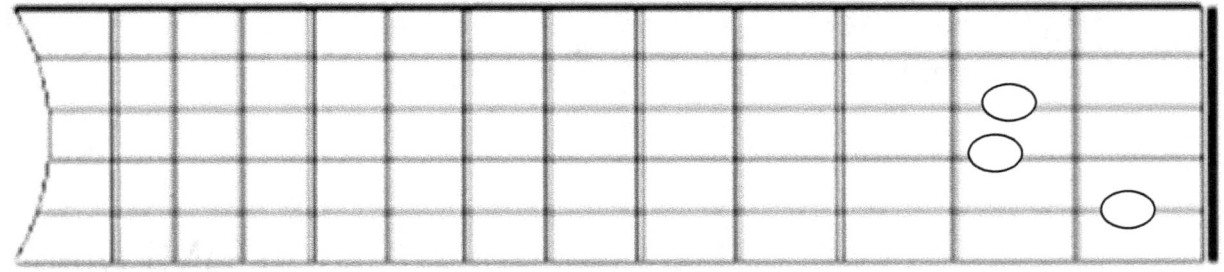

(7) Si Menor

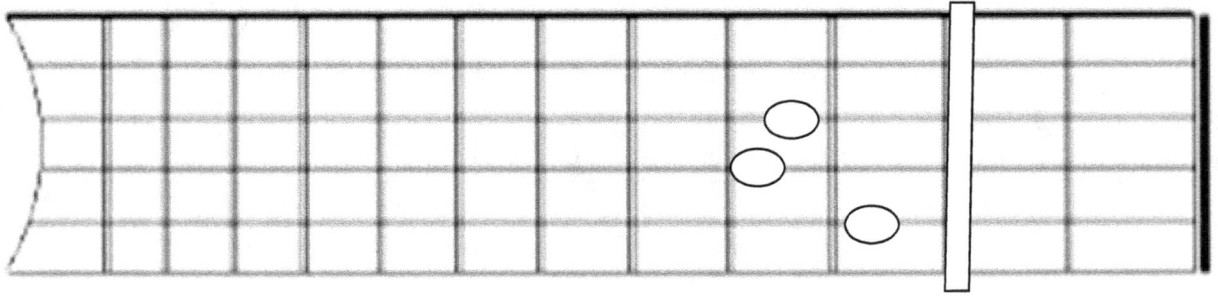

(10) El Círculo de tonos de DO MENOR

(1) Do Menor

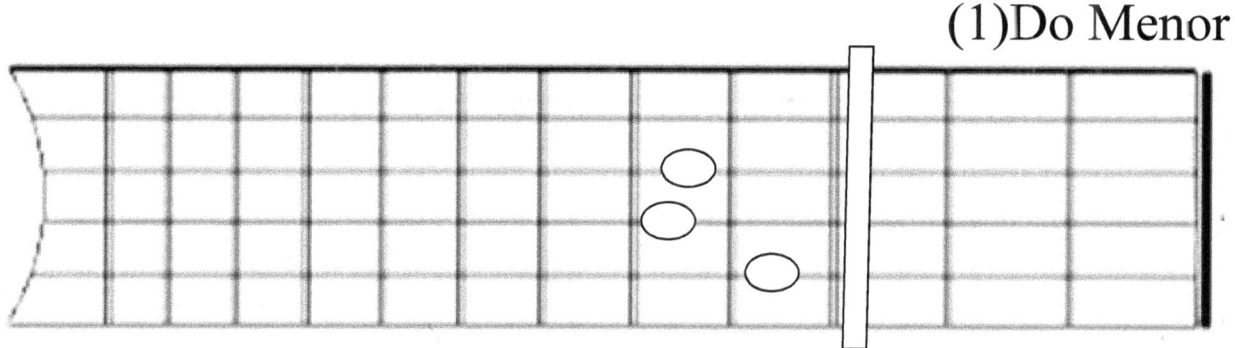

(2) Relativo

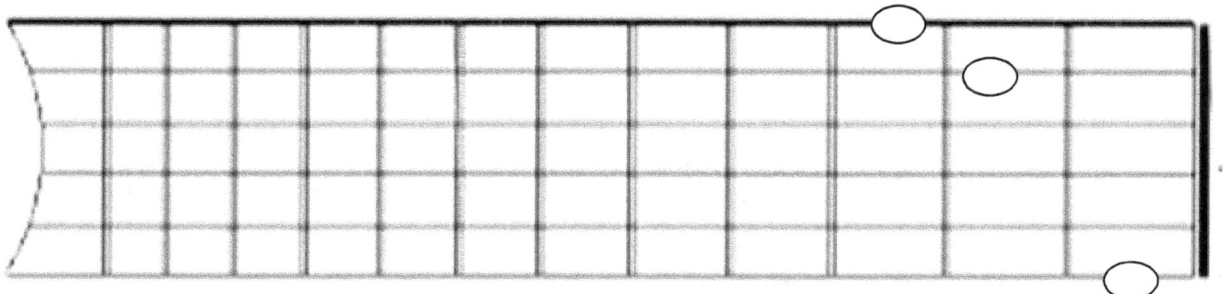

(3) Contra Alto o Fa Menor

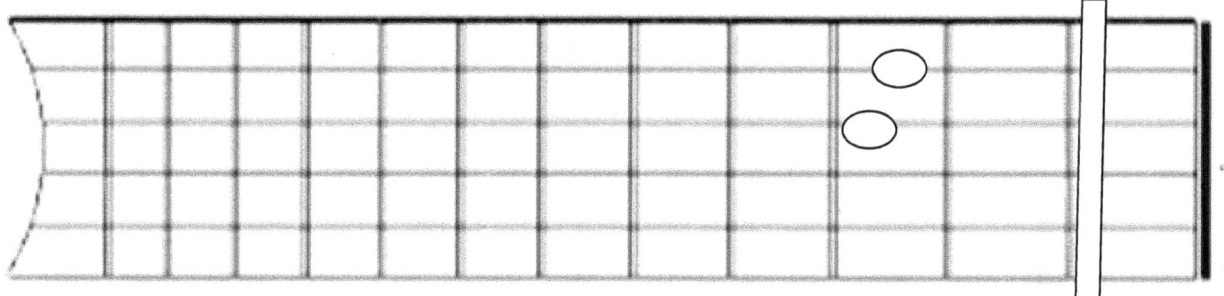

(4) La Bemol Mayor

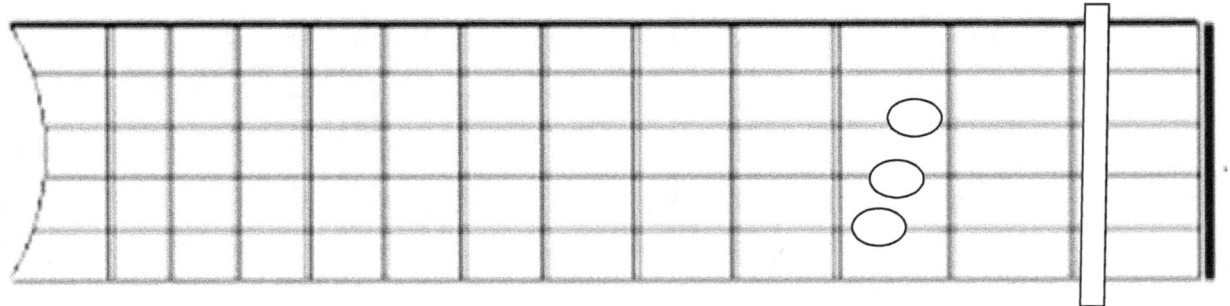

(5) Re Bemol Mayor

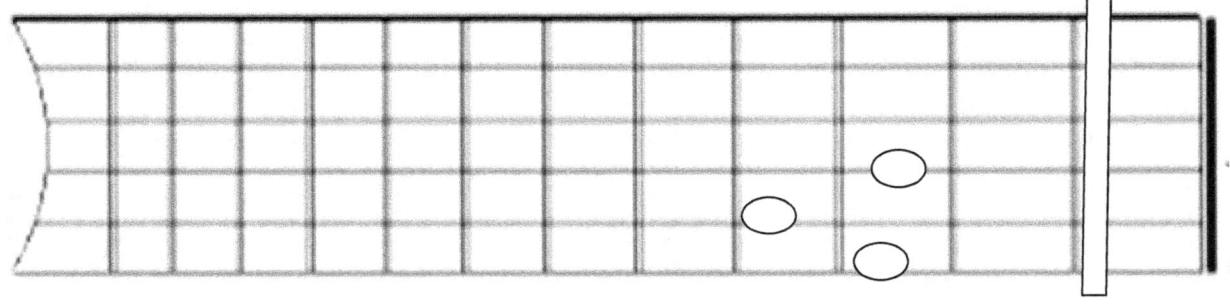

(6) Sol Bemol Mayor

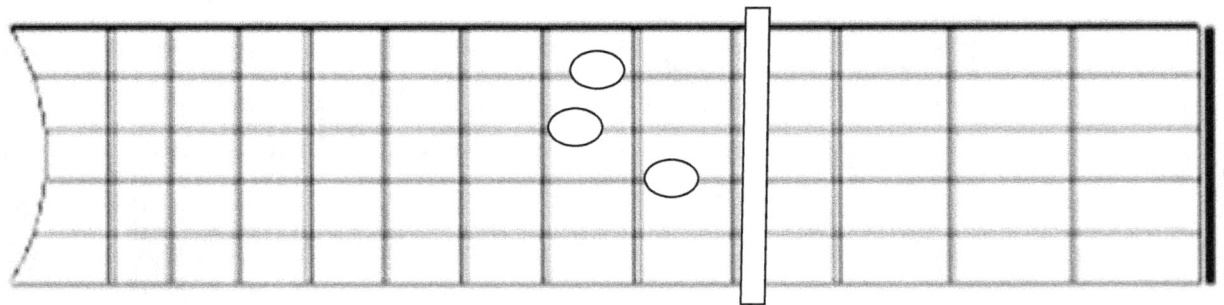

(11) El Círculo de tonos de RE MENOR

(1) Re Menor

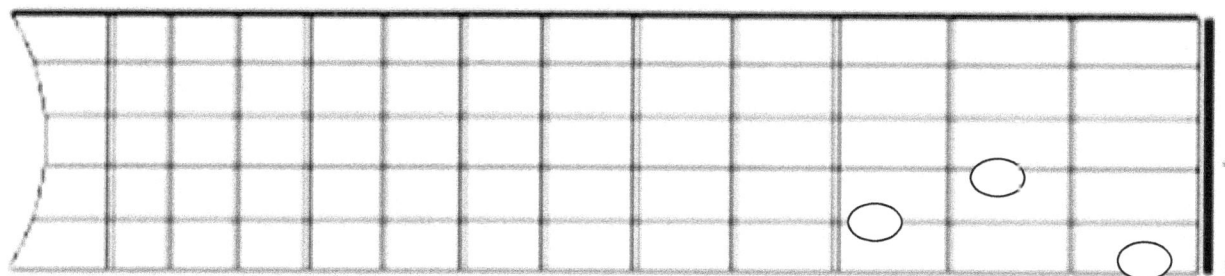

(2) Relativo

(3) Contra Alto o Sol Menor

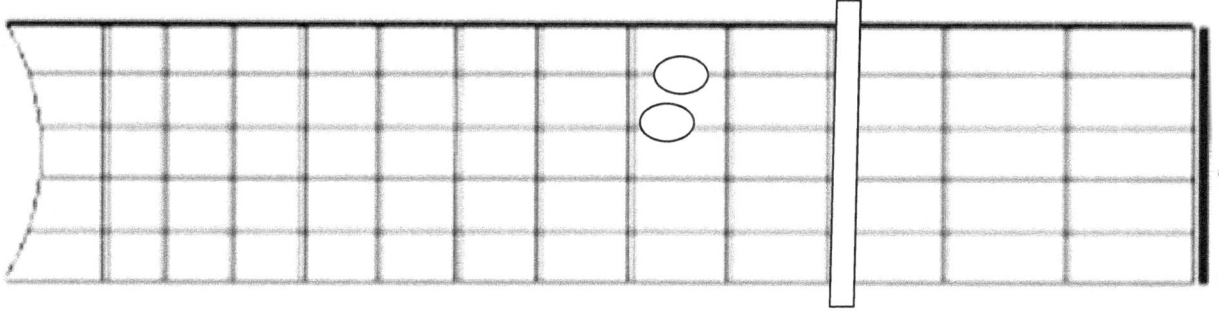

(4) Do Mayor

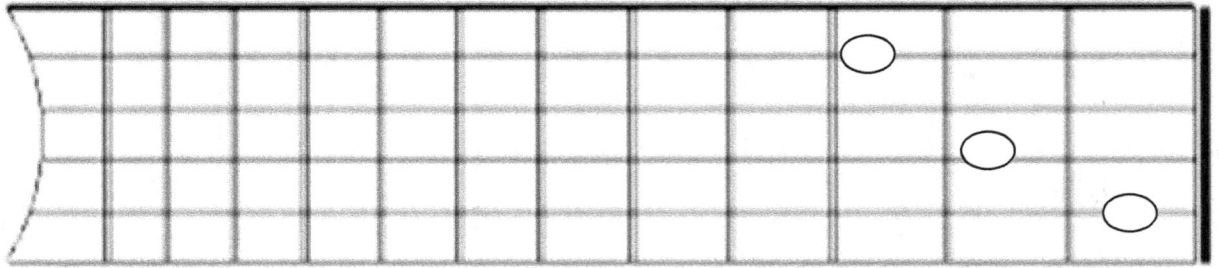

(5) Fa Mayor

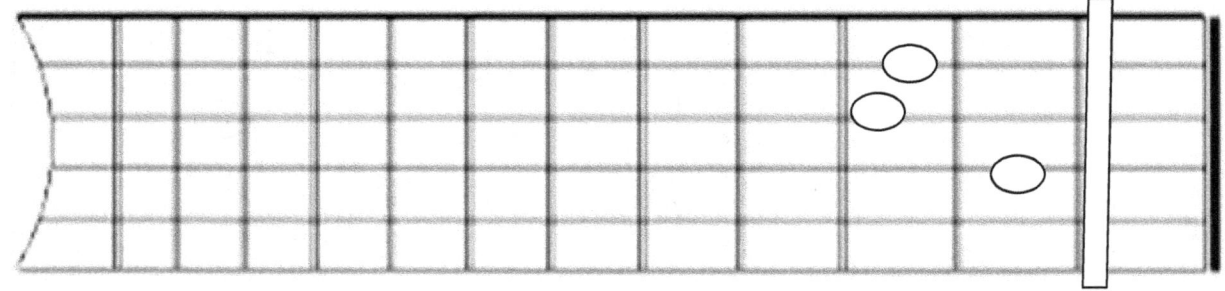

(6) La Bemol Mayor

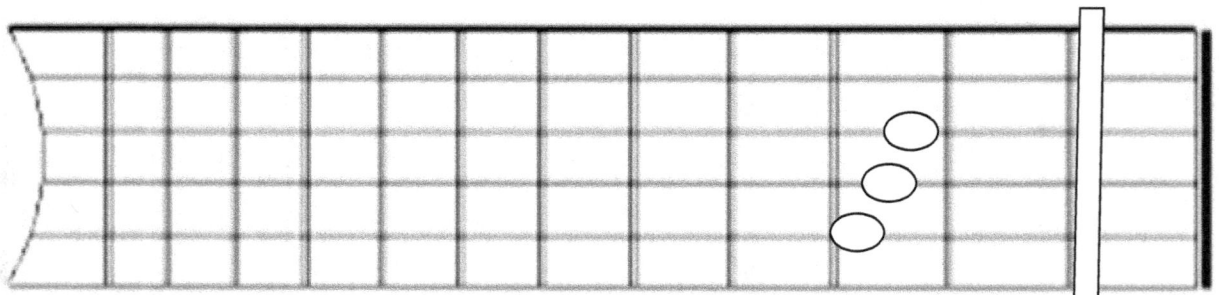

(12) El Círculo de tonos de MI MENOR

(1) Mi Menor

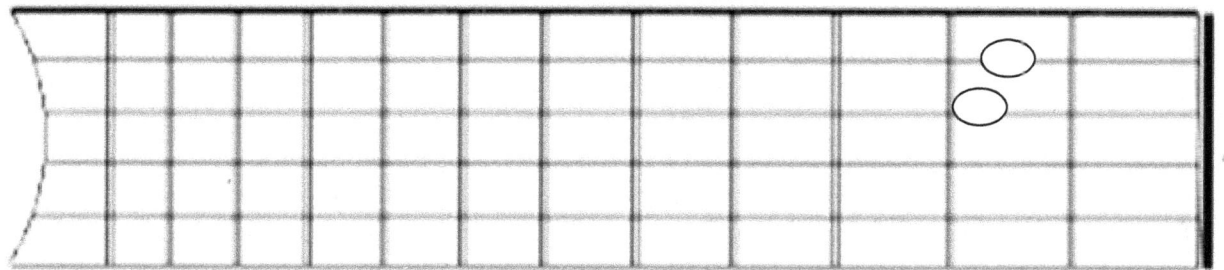

(2) Relativo

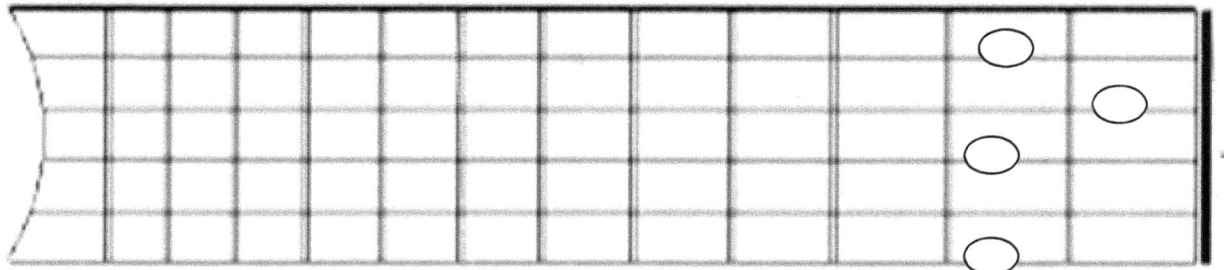

(3) Contra Alto o La Menor

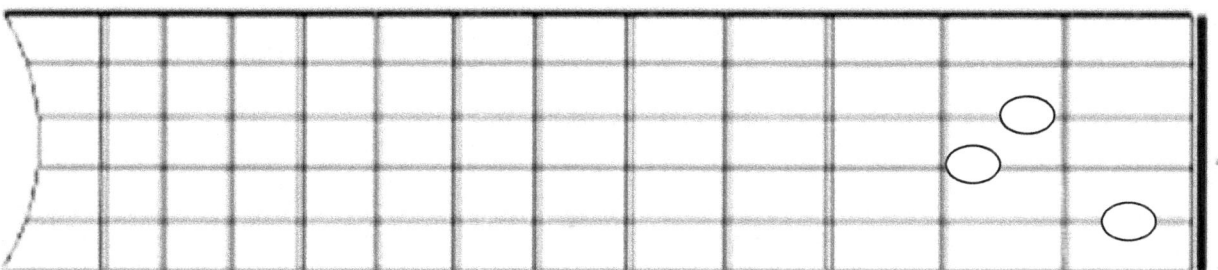

(4) Re Mayor

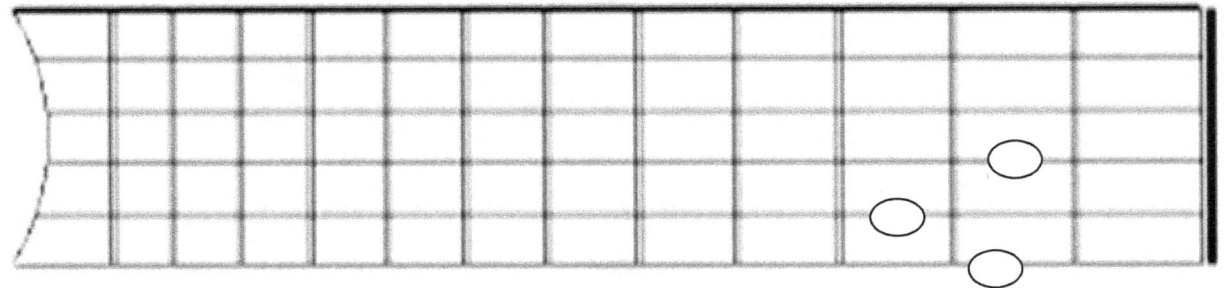

(5) Sol Mayor

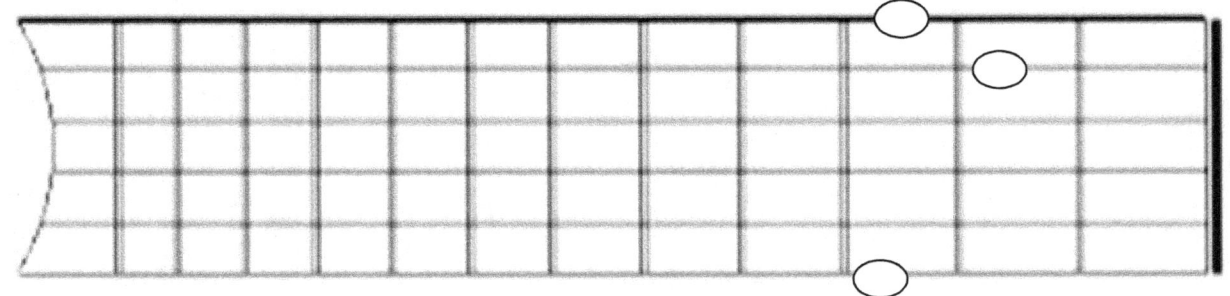

(6) Do Mayor

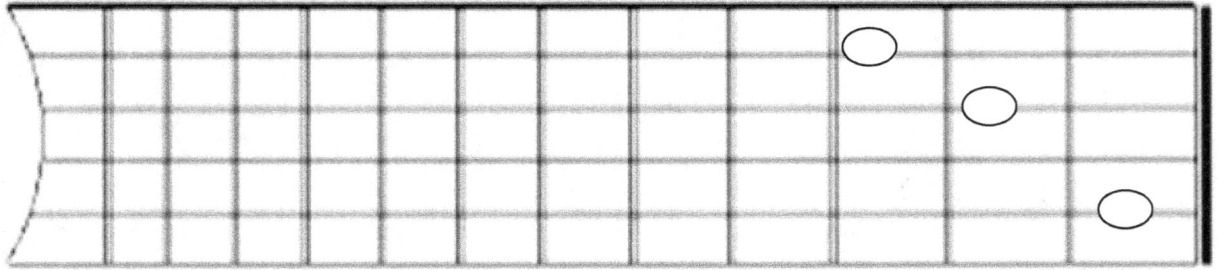

(13) El Círculo de tonos de FA MENOR

(1) Fa Menor

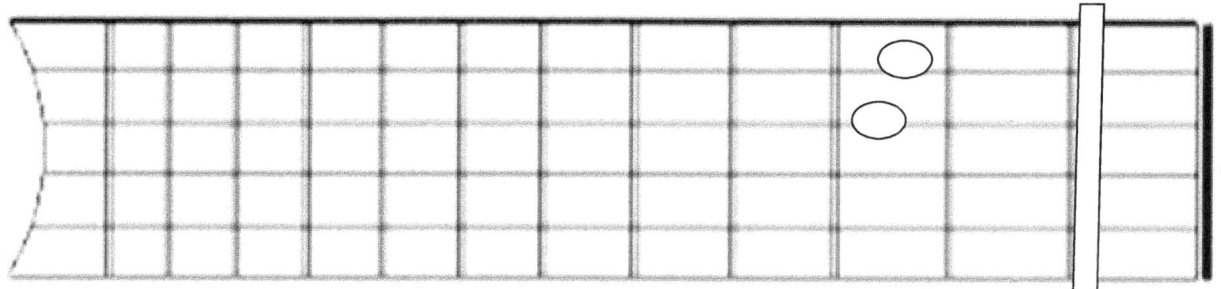

(2) Relativo

(3) Contra Alto o La Bemol Menor

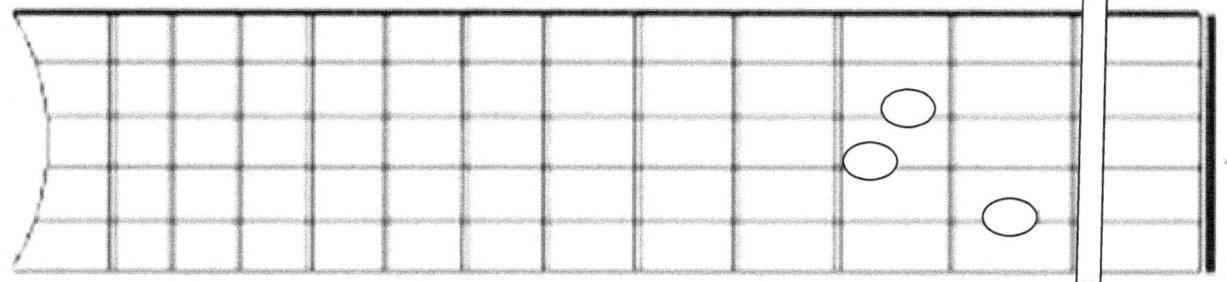

(4) Re Bemol Mayor

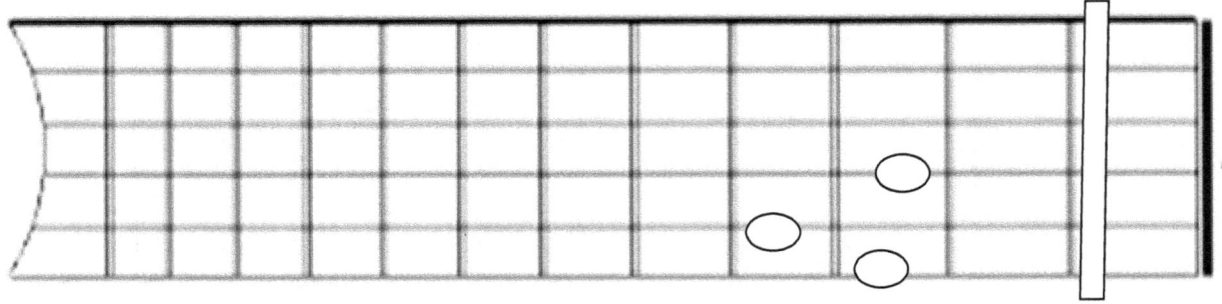

(5) Sol Bemol Mayor

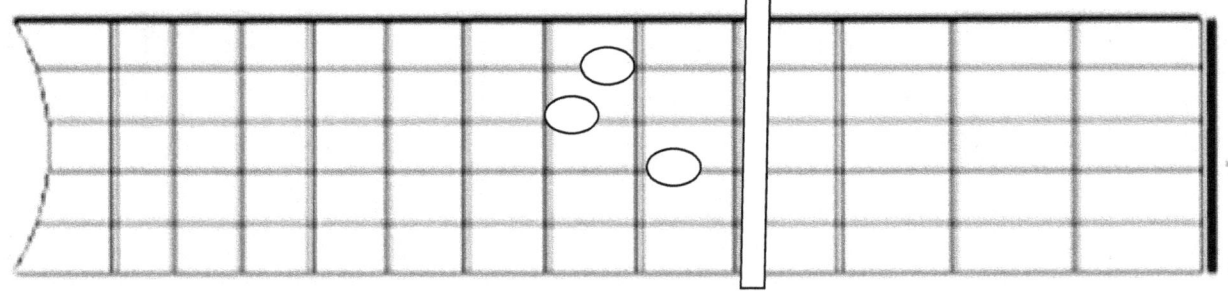

(6) Do Bemol Mayor

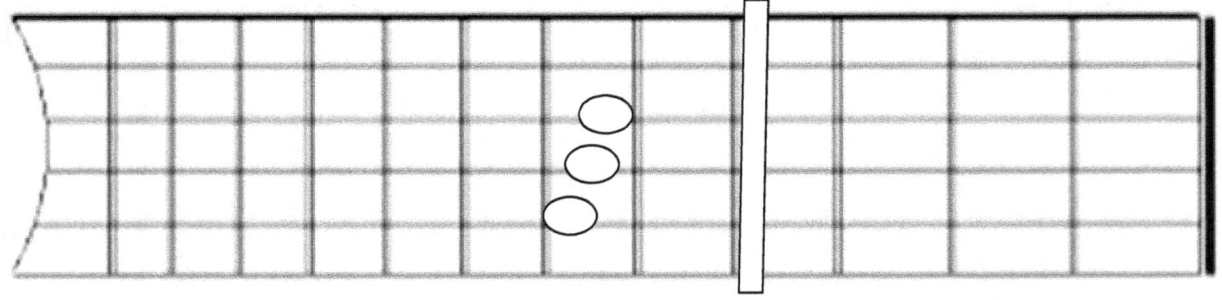

(14) El Círculo de los tonos de SOL MENOR

(1) Sol menor

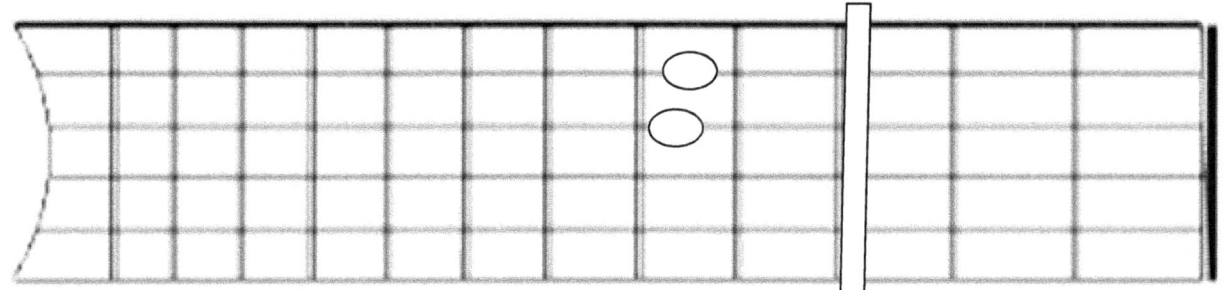

(2) Relativo

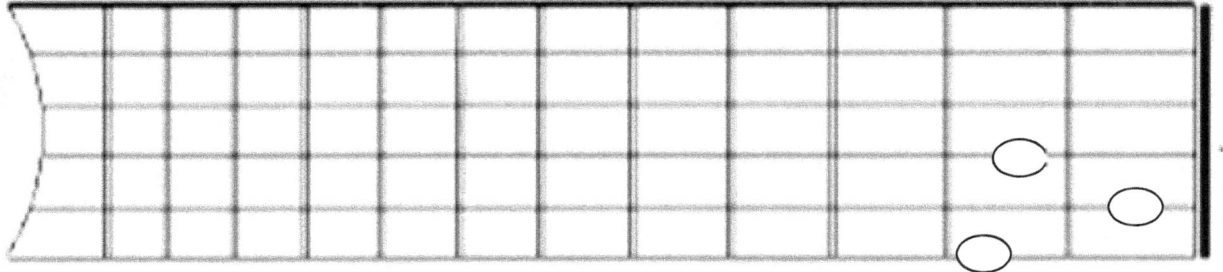

(3) Contra Alto o Do Menor

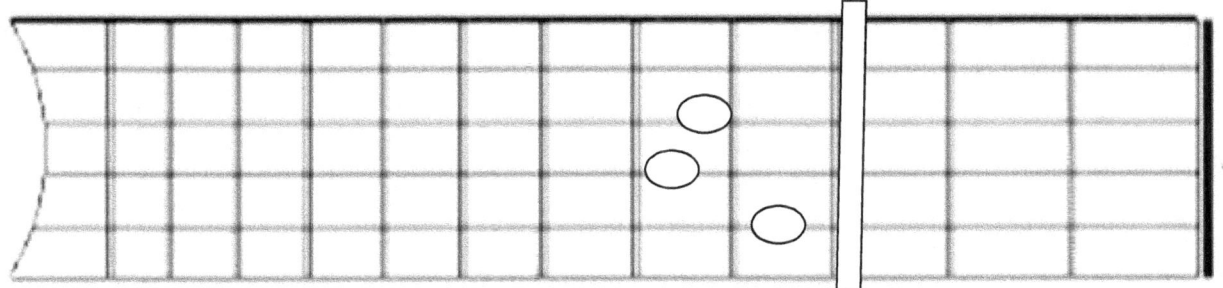

(4) Fa Mayor

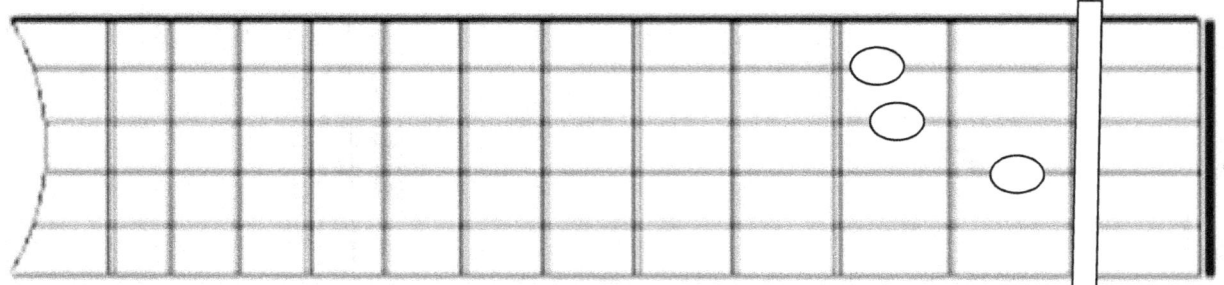

(5) La Bemol Mayor

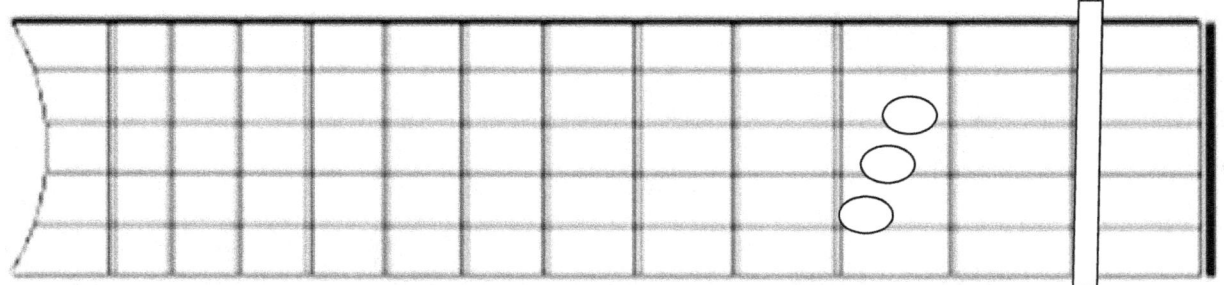

(6) Re Bemol Mayor

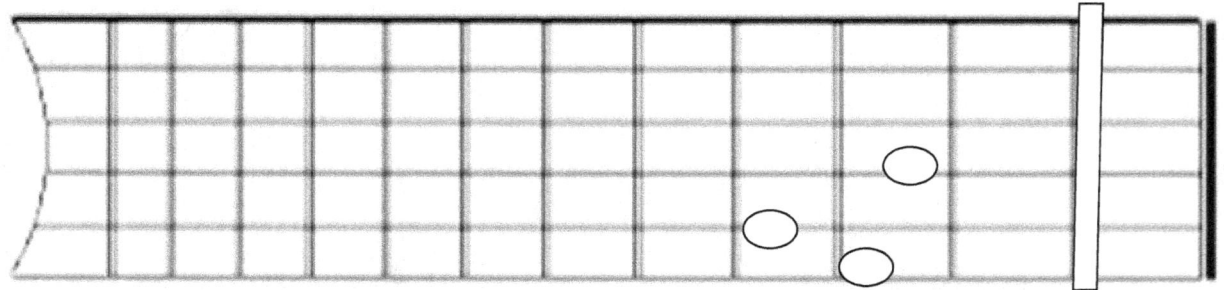

(15) El Círculo de tonos de LA MENOR

(1) La Menor

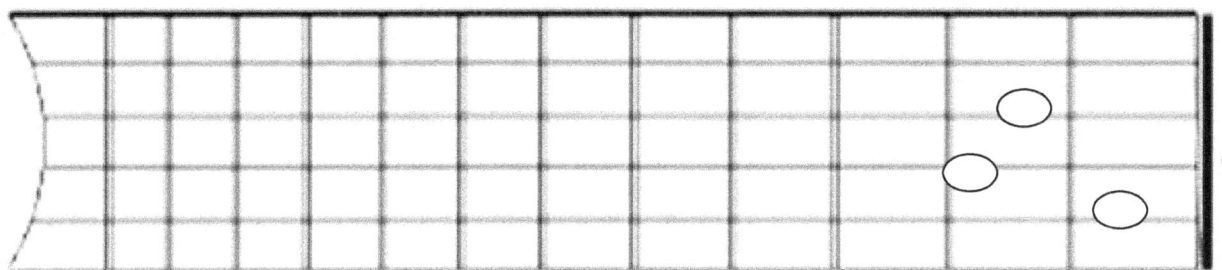

(2) Relativo

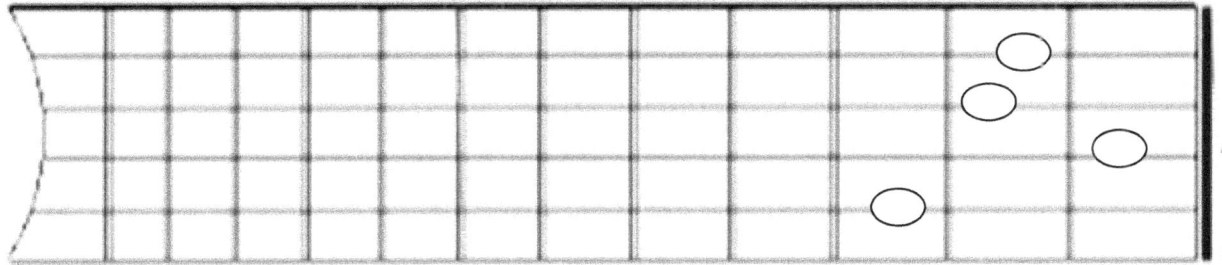

(3) Contra Alto o Re Menor

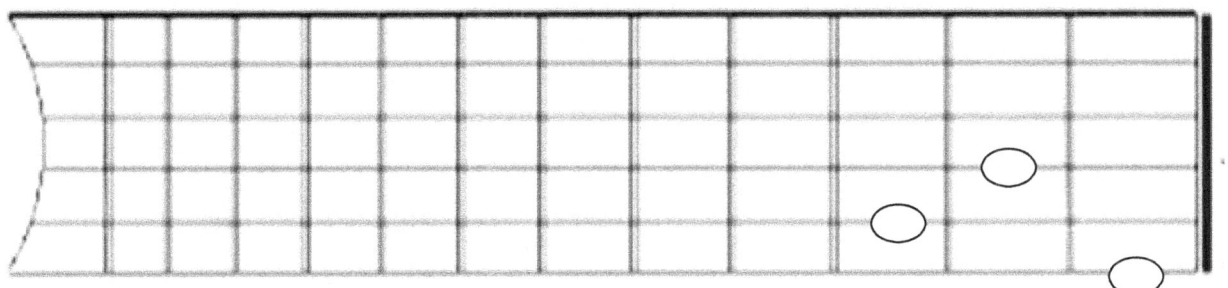

(4) Sol Mayor

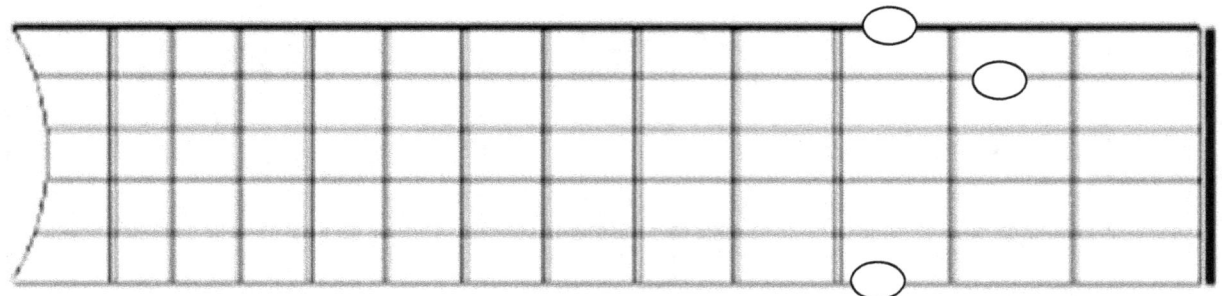

(5) Do Mayor

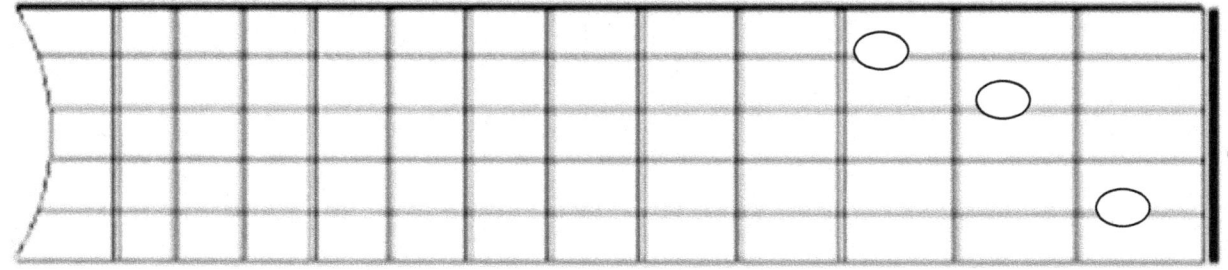

(6) Fa Mayor

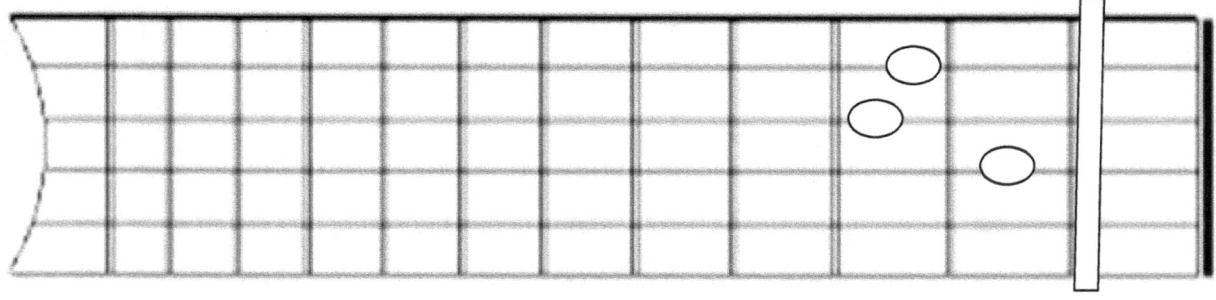

(16) El Círculo de tonos de SI MENOR

(1) Si Menor

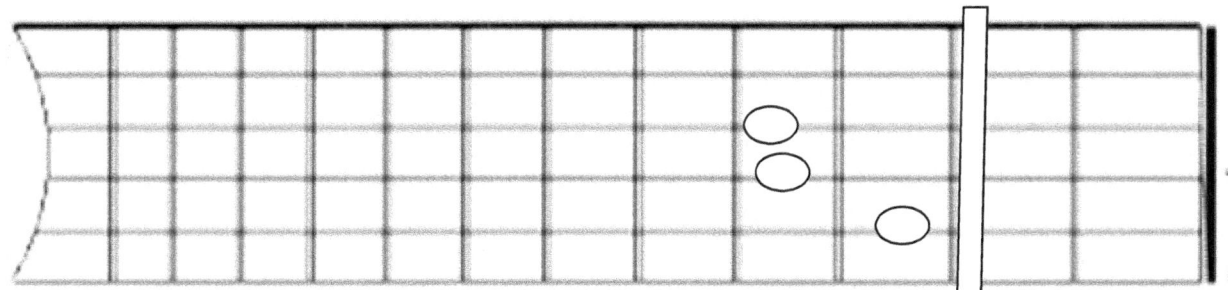

(2) Relativo

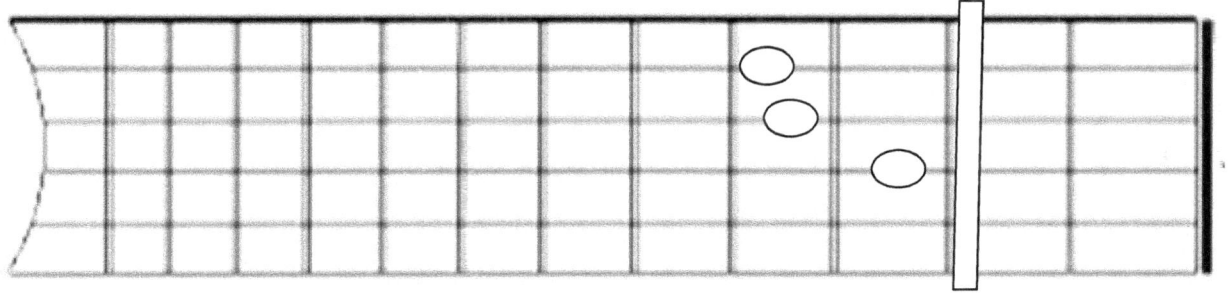

(3) Contra Alto o Mi Menor

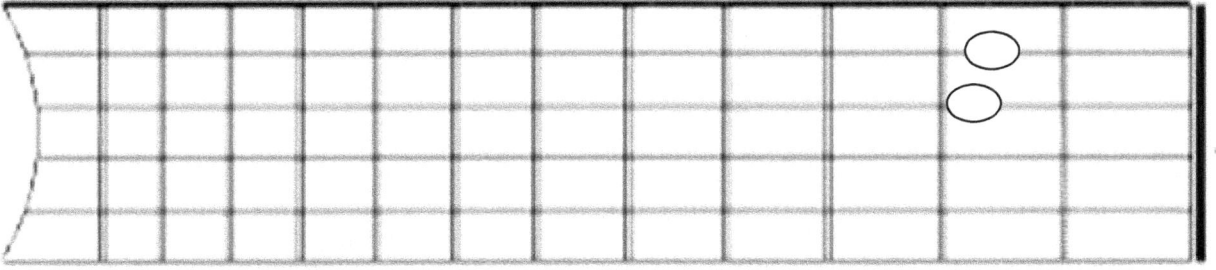

(4) La Mayor

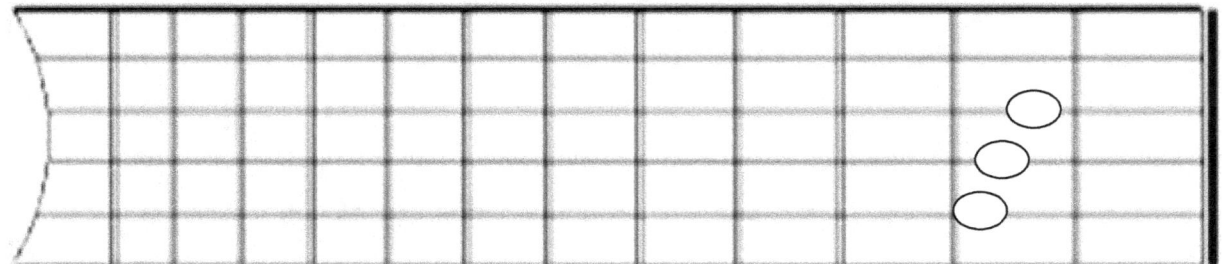

(5) Re Mayor

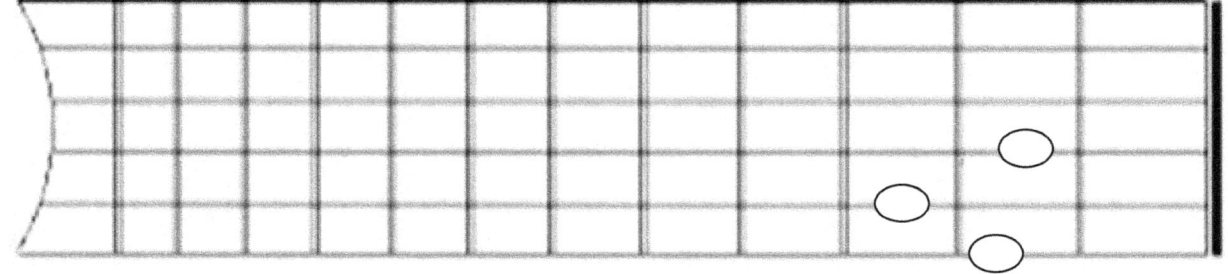

(6) Sol Mayor

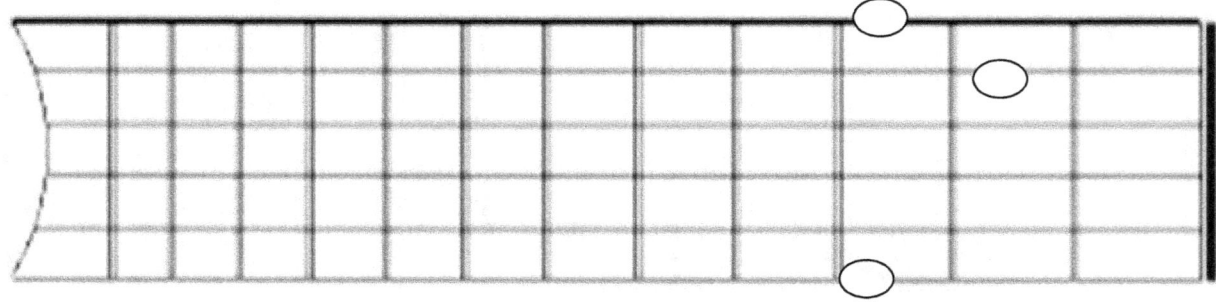

AGRADECIMIENTOS

Agradezco en primer lugar a nuestro Dios, por darme lo que hasta el día de hoy poseo. A mi esposa y mi hija, que siempre están apoyándome en cualquier proyecto, y a usted, por adquirir este manual que considero le va a ser de gran utilidad en su vida. Esperando que le saque el mejor provecho y sea un método fácil y práctico para comenzar su carrera artística.

Atte. Byron Hernández
byron198019@live.com

www.ingramcontent.com/pod-product-compliance
Lightning Source LLC
Chambersburg PA
CBHW080409170426
43193CB00016B/2864